AF466606

SECONDE LETTRE

AUX FRANÇAIS;

SUIVIE

De la Réfutation d'un prétendu Rapport de S. Ex. Mgr. le duc d'Otrante;

PAR M. DE LABOUÏSSE.

A NARBONNE,

CHEZ F. CAILLARD FILS, IMPRIMEUR-LIBRAIRE.

Septembre 1815.

» Craignons que la postérité ne prenne cette admirable
» facilité de tout pardonner, pour une indifférence cou-
» pable, pour une légéreté criminelle; qu'elle ne regarde
» comme une méprisable insouciance du vice et de la
» vertu, ce qui n'est qu'une impossibilité absolue de ré-
» criminer et de haïr. »

(M. le vicomte de CHATEAUBRIAND.)

SECONDE LETTRE
AUX FRANÇAIS.

L'entendez-vous gémir cette auguste patrie?
. . . .
« O mes fils ! vous dit-elle, ô douleur trop amère !
» Quelle ombre vient ternir mes lauriers et mes lis?
» D'un peuple généreux je me croyais la mère!
» N'êtes-vous plus mes fils? »

(LEBRUN.)

Narbonne, le 4 Septembre 1815.

FRANÇAIS! réveillons-nous, réveillons notre antique énergie; arrêtons les complots de la haine; mettons un terme au triomphe des méchans. La guerre civile est dans notre sein; il nous faut étouffer cette guerre civile. Dieu! quel horrible délire! serions-nous réservés à nous déchirer entre nous? des français égorgeraient des français! mais sont-ils français ces lâches, qui volént, qui pillent, qui tuent?....... Non, la nation les désavoue comme des enfans ingrats et rebelles. De quel droit voudraient-ils devancer l'office des tribunaux? Sans doute dans les temps de calamité publique, quand la justice ne règne plus, lorsque les lois se taisent, on voit une foule de crimes punis par des crimes nouveaux. Peut-être alors, les malheurs des temps, l'égarement de l'opinion, l'exagération des partis, et sur-tout l'absence de la justice, pourraient servir d'excuse. Je suis loin cependant de vouloir absoudre les infortunés qui se sont rendus coupables. Quels qu'aient été les maux que j'ai eu à subir, quelques nombreuses qu'aient été les persécutions qu'on m'a fait éprouver, j'ai toujours ignoré, grâce au ciel, si la vengeance avait pour un cœur sensible, ou des douceurs ou des remords!

Mais aujourd'hui, Français, que le retour du Roi ramène la paix, le bonheur et une Thémis clairvoyante, que faites-vous de ces armes funestes? Insensés! à quelles extrémités vous porte le vain prétexte d'une injuste vengeance? Nos revers furent grands; je le sais. Long-temps la patrie sera dans le deuil; long-temps elle pleurera sur nos profondes blessures, sur nos tristes discordes, et sur la défection inouie et cruelle d'une armée de braves, infidèle, pour la première fois, au double cri du devoir et de l'honneur; mais quand le meilleur des Monarques est rendu à notre amour, est-ce à vous, est-ce à vos mains criminelles, qu'est réservé l'heureux pouvoir de cicatriser les larges plaies de la France? Hélas! ces plaies vous allez les agrandir encore! En prévenant la justice du prince, vous lui ôtez ce que de sévères exemples peuvent avoir de salutaire pour l'avenir; vous troublez la menaçante fermeté de ses magistrats; vous paralysez la sage énergie de ses *cours souveraines;* et vous faites frémir d'indignation et de pitié, ces nobles royalistes, dont vous prétendez suivre la loyale bannière.

Français! Français! rejetons loin de nous tout brandon de discorde. Les Bourbons nous sont rendus ; que nous resterait-il à désirer ? N'est-ce pas à leurs dix mois de règne, à ce règne si fugitif, que nous devons tant de bienfaits ? N'avons-nous pas une *charte* conservatrice ? Que cette *charte* soit notre refuge ; qu'elle soit notre sauvegarde. Elle est l'arche sainte que notre respect doit entourer ; elle est l'arche d'alliance qui doit nous réunir aux pieds du trône. Sans doute il peut s'y trouver des articles à reprendre ! à quel ouvrage humain a-t-il été donné d'être sans nulle imperfection ? Le Roi lui-même, cet excellent prince, qui nous fit ce beau présent, permet qu'on y ajoute les améliorations dont elle est susceptible. Comme *Charles VI*, il appelle son peuple à la discussion des réformes qu'on a cru nécessaires. Un instant je pus me flatter d'obtenir l'honneur d'aller participer à ces nobles discussions, d'aller partager les travaux de cette élite nationale. Ah ! si mon cœur, enflammé d'un patriotisme-royal, avait été admis à siéger dans l'enceinte de cette chambre auguste, j'aurais dit.......... Mais non : ce discours n'aurait plus aucune force dans ma bouche ; il ne serait que la simple opinion d'un écrivain isolé, que les réflexions d'un homme sans caractère public !........ D'autres vont être plus heureux ! Je ne dirai point que je n'envie pas leur bonheur ; mais pourvu que le bien se fasse, je serai satisfait.

L'entreprise est grande, belle, peut-être même très-difficile. Que d'obstacles à franchir ! que d'oppositions à surmonter ! mais aussi quelle gloire à acquérir ! Pour un honnête homme, doué de quelques moyens, fut-il jamais une plus brillante occasion de se faire connaître en servant son pays ? Si le nom de *Chevalier sans Peur et sans Reproche* eût été un héritage inappréciable pour un fils de

Bayard, les noms de *Démosthène* et de *Ciceron* étaient aussi, dans un autre genre, un glorieux héritage! Avec quel éclat n'avons-nous pas vu, de nos jours, briller, chez une nation rivale, le nom de lord *Chatam*, et celui de *Pitt*, illustre fils d'un illustre père? Telle sera la carrière que nos *députés* auront à remplir, et ils en obtiendront la même récompense; car ils en imiteront les nobles exemples. Je me plais à l'espérer: les choix que l'on connaît déjà sont bons; ils sont d'un favorable augure pour notre destinée. Cette destinée pouvait être si cruelle! Mon cœur français palpite encore d'émotion et d'effroi, en songeant aux représailles, aux malheurs, aux désastres dont nous fûmes menassés. La France, cette patrie si belle et si chère, allait être divisée, opprimée, ravagée...... rien ne semblait devoir la préserver de cette affreuse punition, que sa légéreté et son imprévoyance n'avaient que trop méritée, lorsqu'un monarque pieux, un ange conservateur, se jette au milieu des orages. A sa présence, le calme renaît, des ennemis ne sont plus que des libérateurs, la France est sauvée et libre. Comment usera-t-elle de cette liberté? Eh! loin de nous toute arrière-pensée! loin de nous tout paradoxe coupable, tout syllogisme pervers, tout sophisme séditieux. Que la tribune aux harangues ne soit que la tribune de la franchise et de la vérité. Le bon prince qui nous gouverne, martyr de l'amour qu'il nous porte, en voulant prévenir les suites cruelles de nos dissensions intestines, n'a recueilli, jusqu'à présent, qu'inimitiés, troubles, amertumes, chagrins. La trahison s'agite encore; le crime le menace; on semble vouloir le tromper et l'égarer, malgré son expérience...... Les représentans de la nation peuvent seuls l'arrêter sur les bords de l'abyme, et nous sauver avec lui. C'est de leur sagesse, c'est de leur courage, c'est de la fermeté de leurs discours, c'est de la prudence de leurs mesures, que va dépendre la fixation de notre existence politique.

Oui, Français, on nous PÈSE, on nous ÉPIE, on nous JUGE; et l'avenir est encore plein pour nous d'incertitude, de dangers et d'effroi. Conjurons cette tempête sinistre, par notre union et par notre conduite. Ne sommes-nous pas lassés de révolutions? Depuis vingt-cinq ans n'avons-nous pas été témoins d'assez d'horreurs? S'il ne nous a manqué aucun genre de gloire, il ne nous a manqué non plus aucun genre de crimes !..... La muse de l'histoire frémit des nombreux forfaits qu'elle est condamnée à décrire....... Mais jetons un voile sur le passé. Toutefois n'allons pas oublier tous nos maux. Un oubli total serait plutôt un acte de démence que de sagesse. Il faut se *souvenir* des anciennes trames, afin d'en prévoir, d'en prévenir de nouvelles. Catilina n'est point à nos portes; mais ses partisans se cachent dans l'ombre. Tonnez, tonnez à la tribune, vous que la nature doua d'un beau génie et d'un grand caractère; tonnez! Que la France, rivale de l'Angleterre, apprenne aux nations qui nous contemplent, qu'il est encore parmi nous, et des talens et des vertus. Dans vos séances majestueuses (qui ne ressembleront pas aux scènes burlesques de ces législateurs factieux, improvisés par Buonaparté), faites entendre les sages réclamations de la justice. Qu'un monstre, l'effroi et le déshonneur de l'espèce humaine, soit livré au supplice. Ce supplice fut promis par toutes les puissances de l'Europe, et il est réclamé par nos malheurs, par le cri des mères, le deuil des épouses, la désolation des pères. Ne soyez pas sourds à leurs gémissemens, ne repoussez point leurs prières, ne soyez pas insensibles à leurs larmes. La patrie veut être *vengée*. Vous êtes ses interprètes et ses mandataires. Osez : applaudis, secondés par la France entière, votre patriotique audace doit être sans crainte, comme votre courage sera sans danger. Vous nous trouverez tous prêts à soutenir vos généreux efforts, d'un assentiment unanime. *Il n'est qu'un pas du Capitole à la roche Tarpéïenne*, disait un homme trop célèbre (Mirabeau, d'infâme mémoire) ; mais ce temps de factions, de fureurs populaires n'existe plus. La *roche Tarpéïenne* n'est nulle part que sur l'échafaud destiné au crime, comme le *Capitole* est pour la France, dans le château des Tuileries, où résident à la fois, toutes les consolations et toutes les espérances.

NOTES.

Page 4. Français, que faites-vous de ces armes funestes ?

Qu'on ne s'y méprenne point; ceci ne s'adresse qu'aux hommes coupables qui font périr au nom sacré des Bourbons, leurs ennemis particuliers; car je ne parle point aux Gilly, aux Decaen, à tous ces vils conspirateurs qui ont tourné leurs sabres et leurs baïonnettes contre leur patrie, à ces infâmes déserteurs, qui voudraient désoler et ravager le midi de la France...... Tremblez, malheureux! tremblez! elle approche l'heure de l'expiation; tremblez!

Page 5. Pourvu que le bien se fasse, je serai satisfait.

Un des biens que je désire, c'est que la chambre, grande, désintéressée, généreuse, renonce à tout salaire; son salaire sera l'honneur. Je n'ignore pas qu'il n'en a point été promis; mais il n'en a pas été non plus formellement refusé. On peut espérer des *indemnités;* comme si le bien qu'elle fera ne sera point une *indemnité* suffisante? Nous sommes dans des temps de calamité et de sacrifices, *ajoutons un sacrifice nouveau à tous les autres*, aurai-je dit; *il ne siège ici que de riches propriétaires*, *nous payons tous de forts impôts*; *eh bien*, *donnons un signal à la France; doublons toutes nos impositions; n'en faisons point une loi*, *n'en faisons qu'un exemple.* — Représentans j'attends cet exemple, je l'imiterai avec plaisir.

Page 6. Mon cœur français palpite....

Je me plais à me dire français, malgré tous les reproches qu'on nous adresse; parce que la nation fut toujours innocente des crimes de ses oppresseurs.

Page 7. Un monstre, l'effroi et la honte de l'espèce humaine (Buonaparté).

Je ne m'arrêterai point à le peindre, il est assez connu; mais je dois rapporter deux mots de lui, qui prouvent jusqu'à l'évidence une conspiration qu'on a voulu nier. Elle datait du jour de son abdication; de ce jour où le maréchal Ney parut se conduire d'une manière si franche et si patriotique; mais depuis..... je m'arrête, et ne veux point prévenir l'arrêt de ses juges. Quoiqu'il en soit, en passant à Fréjus, Buonaparté, qui avait couru tant de dangers à Avignon, à Ourgon, à Brignoles, enchanté de trouver dans ces lieux un bon accueil, dans ces lieux où il se réfugia lors de sa fuite d'Égypte, dit au maire de la ville. « Je suis fâché que Fréjus soit en Provence, et de » n'avoir encore rien fait pour vous; mais *j'espère que dans » quelques mois* je pourrai vous dédommager. » Quel était donc *l'espoir* de ce fugitif, repoussé alors de la France par le mépris et l'indignation? quel était son espoir? écoutons-le encore; l'iniquité s'est trahie par ses paroles autant que par ses œuvres. Pour excuser le lâche amour qu'il porte à sa vie, il disait après son abdication : *Si Marius se fût donné la mort dans les marais de Minturne, il n'eût point obtenu son septième consulat!....* Et vous avez appris ces paroles français, et vous n'avez point frémi des tragiques événemens qu'elles devaient vous faire présager. Le barbare! il se comparait donc à Marius! il espérait donc ressaisir une puissance qu'il abandonnait de plein gré, tandis qu'il pouvait combattre encore! il espérait donc manquer à ses traités, à ses promesses, à son devoir..... mais Marius, malgré les *Cornelius Cinna*, les *Sertorius*, les *Carbon*, bourrelé de honte et de remords, disparut dans la tombe le dix-septième jour de son autorité, comme Buonaparté, malgré les *Maret*, les *Carnot*, les *Caulincourt*, les *Savary*, les *Regnault*, disparut de la scène le quinzième jour de son règne (*); mais malgré ses remords et sa honte, il ne sut pas mourir. — Aussi cruel, aussi féroce que Marius; insatiable comme lui d'ambition et de puissance, il put

(*) Il ne régna en effet que du 7 au 22 juin. Le 7 il *commença la monarchie constitutionnelle*, qu'il *abdiqua* le 22!!!

sans doute se comparer à ce cruel romain ! mais quel rapport y eut-il jamais entre lui et *Thémistocle*, comme il osa le faire dans sa bizarre lettre écrite au prince régent d'Angleterre? *Thémistocle*, exilé par l'ostracisme de ses compatriotes, préféra se donner la mort, plutôt que de céder aux désirs du roi qui lui donnait un asile, en s'armant contre Athènes, qui l'avait proscrit?... Était-il un *Thémistocle*, le fuyard de Waterloo, qui sortit de l'île d'Elbe pour venir rapporter dans une patrie, qu'il opprima si long-temps, tous les dangers de la guerre étrangère, tous les fléaux de la guerre intestine?.......

Page 7. Que Buonaparté soit livré au supplice.

Lord Wellington voudra bien me pardonner si je prends la liberté de publier ici une lettre que j'osai lui écrire. Elle sert de dévelloppement à ce que je dis dans le texte, et je l'écrivis pour accompagner l'envoi d'un exemplaire de ma première *Lettre aux Français*. Je ne sais si en la publiant je blesse les lois de la bienséance, mais je sais que je ne blesse pas celles de l'honneur; la voici.

Narbonne, 31 *Juillet* 1315.

Milord,

« Je prends la liberté d'adresser à votre excellence une brochure qui renferme, je crois, de salutaires réflexions sur les circonstances. La France a éprouvé de grands malheurs, elle a besoin d'un grand exemple. Appui de notre excellent Monarque, dites-lui : *Sire, le bien de tous exige que votre bonté naturelle, qui répugne à laisser faire du mal à personne, fléchisse devant l'austère loi de la nécessité. Il faut que tous les conspirateurs meurent.* — J'ose me flatter, Milord, de me trouver sur ce point d'unité d'opinion avec votre excellence, dont les lumières égalent la valeur et le génie. Il faut qu'ils *meurent*; mais sur-tout il faut sacrifier ce chef des coupables, cet usurpateur si couvert de crimes, qui a fait à votre généreuse nation l'étrange insulte d'espérer trouver parmi vous un refuge!..

Milord, depuis des siècles l'Angleterre et la France

sont en guerre; il est temps que nos cruelles divisions finissent; mais elles ne finiraient point tant que Buonaparté existerait dans les tours de Londres (*). Il serait l'espoir des méchans et la crainte des bons; il nous ferait peur de son ombre hideuse. Vous avez, Milord, autant de crédit dans le conseil des princes que de bravoure à la tête des armées, faites-les ressouvenir de leurs promesses. Buonaparté a été mis solennellement *hors de la loi* par le congrès; il ne peut donc vivre nulle part. Aucun roi de la diète Européenne ne peut retracter le consentement qu'il accorda à cette mesure. Que l'Angleterre le saisisse et le livre au glaive des bourreaux; Buonaparté n'est pas un souverain, ce n'est pas même un homme, ce n'est qu'un scélérat, ce n'est qu'un monstre; qu'il *meure:* la France ne peut être sincèrement unie à l'Angleterre qu'à ce prix. »

(*) Les *tours de Londres* ou *l'île Ste.-Hélène*, c'est toujours le même résultat, la même entreprise, le même danger; c'est toujours nous laisser la même défiance, le même prétexte!........ Eh! mon Dieu! quel si grand intérêt peut donc inspirer l'être le plus lâche, le plus égoïste, le plus vindicatif, le plus féroce qui ait jamais existé?..... Quelle est donc cette politique des cours? Les honnêtes gens auraient-ils le malheur de n'y rien comprendre?

RÉFUTATION

D'UN PRÉTENDU RAPPORT

DE S. EX. M.GR LE DUC D'OTRANTE.

« Les intérêts légitimes sont les seuls qu'on doive » entreprendre de concilier ; car comment peut-on » proposer à une société politique, fondée sur des » principes de justice, de ménager, de respecter, » de sanctionner les intérêts du crime ? »

(M. B.)

LA révolte et la calomnie, le mensonge et la méchanceté, s'agitent dans l'ombre !..... A peine je le disais, que j'en ai obtenu une preuve. Il circule sous le manteau, les amis du désordre se prêtent mystérieusement un prétendu *rapport fait au Roi, le 9 août, par Mgr. le duc d'Otrante.* Quelle astuce et quelle perfidie ! l'auteur anonime de ce lâche pamphlet, n'a pas rougi de prêter à un ministre, dont toutes les paroles ont tant de force, de justesse et de précision, le discours le plus inepte et le plus diffus qu'on puisse lire ; mais que leur importe les vices du langage ! que veulent-ils ? tromper la multitude, prolonger nos dissentions et peut-être préparer de nouvelles révoltes. Un bon français, instruit de ces manœuvres, devra-t-il se contenter de gémir en secret et de se taire? Non, sans doute, non, je parlerai avec hardiesse. Et vous, généreux députés que notre confiance a choisis pour préparer la paix et le bonheur de la France, qui se rattache à celui de l'Europe entière; réunissez-vous, veillez sur cette tourbe de traîtres, dont les insidieux complots vont vous entourer, et oseront peut-être pénétrer jusques dans votre enceinte. Veillez! mais permettez que, sentinelle perdue, je joigne mes faibles efforts à vos nobles attaques. Un libelle circule, on se le communique, on en parle, il fait une grande impression..... il faut que je le signale et que je le flétrisse; c'est un besoin pour mon cœur.

Mais comment a-t-il pu obtenir quelque créance? quel caractère officiel présente-t-il aux yeux des lecteurs? Si ce *rapport* était véritablement l'ouvrage d'un ministre du Roi, il serait destiné à devenir public, ou serait simplement confidentiel. Dans le premier cas, tous les journaux nous l'eussent fait connaître; dans le second, comment a-t-il été possible de s'en procurer des copies? Dira-t-on (et en effet on le dit) que les alliés se sont opposés à l'impression de ce *rapport*?..... Voilà une absurdité à laquelle il faut aussi répondre. D'abord ce discours n'est pas aussi fort qu'il a pu le paraître à des lecteurs qui ne savent guère réfléchir. Mais supposons un moment qu'il ait les qualités requises; supposons même que la peinture qu'il fait de la France soit véritable, peut-on croire raisonnablement qu'aucune puissance étrangère put empêcher notre souverain de communiquer ses idées, ses craintes, ses alarmes, ses regrèts à son peuple? n'est-il pas fort de tout notre amour?

à présent qu'il nous est rendu, rien pourra-t-il le séparer de nous? Toutes ces considérations ne prouvent-elles pas que ce n'est qu'une œuvre de ténèbres, sa clandestinité, son inepte langage et les faussetés qui s'y trouvent? « Les ravages de la France » sont à leur comble (dit-on dès le début), on » ruine, on dévaste, on détruit comme s'il n'y avait » pour nous ni paix ni composition à espérer. Les » habitans prennent la fuite *devant des soldats* » *indisciplinés*, les forêts se remplissent de malheu- » reux, qui vont y chercher un dernier asile; les » moissons vont périr dans les champs; bientôt *le* » *désespoir n'entendra plus la voix de l'autorité*, et » cette guerre, entreprise pour *le triomphe de la* » *modération* et de la justice, égalera la barbarie » de ces déplorables invasions dont l'histoire ne » rappelle le souvenir qu'avec horreur. » De l'invasion de l'Espagne, par exemple!!!.. Mon cœur se soulève à de pareilles lectures, mon indignation est à son comble. Comment se fait-il que dès ces premières lignes, on n'ait pas vu un cachet de réprobation sur tout cet ouvrage? A qui persuadera-t-on que les troupes alliées n'ont aucune *discipline*? Est-ce donc par une armée indisciplinée qu'a été vaincue cette foule de soldats français si courageux, mais dont le courage aurait dû être employé pour une meilleure cause? sans doute on a vu des autrichiens, des prussiens, se permettre quelques désordres; mais ces désordres ont toujours été réprimés par leurs chefs. Et ne le sait-on pas trop! ces désordres sont une suite inévitable des malheurs de la guerre. D'ailleurs tous ces maux ont-ils jamais égalé ceux ...... je m'arrête et soupire! j'aime trop ma patrie pour qu'il me soit possible d'achever ce terrible tableau.

» Si après avoir vaincu la France on prétendait qu'il reste à la punir, *ce langage auquel l'on n'aurait pas dû s'attendre*, d'après les promesses des souverains alliés, *exigerait qu'on voulut bien en peser toutes les conséquences. De quoi voudrait-on nous punir* ? Est-ce à nous d'expier l'ambition d'un seul homme ? » A qui donc, je vous prie ? car il ne s'agit pas de l'ambition *d'un seul*, mais de l'ambition des jacobins-fédérés, des républicains, des militaires !!! » Nous étions ses premières victimes. » Cela est vrai pour nous, mais pour vous qui parlez ?..... » Nous en avons deux fois délivré l'Europe. » Un tel mensonge n'aurait-il pas dû dessiller tous les yeux ? et l'on veut prétendre qu'un ministre instruit aura avancé un fait si contraire à l'histoire ? nous en avons *deux fois délivré l'Europe*, quand c'est l'Europe généreuse qui est venue nous en délivrer ? quand nous avons le tort d'avoir supporté deux fois son ignominieux esclavage !..... « Qui ne sait pas que celui qui exerce la tyrannie, trouve toujours dans la multitude, une force suffisante pour se faire obéir. » C'est la logique des traîtres, et les raisonnemens d'un esprit faux. Comment se fait-il que ces bizarres contradictions n'aient pas suffi pour détromper d'innocens lecteurs, de l'authenticité de ce rapport ? « Des instrumens ne sont pas des complices.... On nous reproche jusqu'à ces succès, » qui se compensent par *assez de revers.* » Comme si *les revers* de cet Attila moderne, pouvaient servir de compensation à ses funestes triomphes ! comme si *ses revers* avaient été notre ouvrage, ainsi qu'à notre honte *ses succès* l'ont été ?

« L'armée est soumise à V. M. » il y paraît ! « Mais elle existe encore. » Hélas ! oui elle existait alors avec son esprit de haine, de brutalité et de révolte! « *Nous devons nous expliquer à ce* » *sujet avec franchise.* Ce qui reste d'existence à » l'armée ne se rattache qu'à la *pacification* et à » la *tranquillité publique*, son état de réunion, *loin* » *d'être un mal*, empêche le mal de s'étendre. » Eh bien! parcourez les Cevennes, entrez dans quelques unes de nos places fortes, voyez le camp de Ners, qui menace et se fortifie, et puis vous pourrez vous *expliquer à ce sujet avec franchise.* — Le Roi, qui est bon, qui est juste, qui est ferme, et qui en sait plus que vous, politiques d'un jour, a cru que l'existence de *cette armée* était *un mal.* En la licenciant il a souscrit aux vœux de la France entière, et il en aura bientôt une autre qui ne sera point disposée à trahir ses sermens, ni à protéger d'infâmes révolutions.

« Il n'y a point d'*obéissance aveugle en France.* » Les Puissances n'ont encore fait connaître aucun » de leurs plans. *Personne ne sait quelle idée il* » *doit se faire, ni du gouvernement, ni de l'autorité* » *de S. M., ni de l'avenir.* » Et c'est par de semblables cris que vous voulez semer la division parmi nous! c'est par de pareilles allarmes que vous voulez soulever le peuple, le forcer peut-être à essayer des *Vêpres Siciliennes* contre nos libérateurs, et profiter de ces crimes pour tenter de proscrire encore les Bourbons!...... Votre intention n'est-elle pas assez claire? n'êtes-vous pas assez dévoilés? *Personne ne sait l'idée qu'il faut se faire du gouvernement paternel de Louis-le-Réparateur, de Louis-le-Conservateur*, de Louis, qui mérite tous les plus beaux titres que la reconnaissance et l'amour puissent inspirer? *personne ne sait l'idée qu'il doit se faire de son autorité*, que vous séparez, à dessein, *du Gouvernement* dans votre phrase?.... Tant d'absurdités et tant d'outrages peuvent-ils être attribués à un ministre que tout doit nous faire présumer être entièrement dévoué à la cause royale, à cette cause si sainte, la seule juste en France, la seule qui puisse nous délivrer des erreurs du présent, et des dangers dont vous voudriez remplir notre avenir ?...... Répondez-nous, conspirateurs barbares, quel mal vous a donc fait cette malheureuse patrie pour vouloir la troubler, la déchirer sans cesse ?.....

« L'anxiété et la défiance sont à leur comble.» Cela n'est pas vrai. « *Tout* paraît un sujet de ter-» reur au milieu de cette obscurité; mais d'un seul » mot, *toutes* les dispositions seraient changées; il » n'y aurait d'obstacles à aucune mesure, si elle » faisait partie d'un plan général, qui offrirait, par » son ensemble, quelque consolation à l'obéissance.» *Quelque consolation à l'obéissance!* à qui le sens et l'inconvenance de ces mots-là peuvent-ils avoir échappé ? Ne reconnaît-on pas l'approche du tigre révolutionnaire à de semblables coups ? « Que les » souverains daignent donc s'expliquer. » Ils le feront, n'en doutez-pas, Français fidèles; ils le feront, en signant un traité de paix honorable pour nous. Mais ne l'ont-ils pas déjà fait, en conservant pour Louis XVIII, tous les égards, tout le respect dus au malheur et à la vertu ? ne l'ont-ils pas fait, en répandant une foule de bienfaits sur une nation, dont une partie a été si ingrate et si coupable ? ne l'ont-ils pas fait, en réparant les ravages inévitables de la guerre, par des largesses dignes de leur munificence? Voilà ce *qu'un ministre du Roi* n'ignore point, ce qu'il ne peut point ignorer.

Après cet exposé calomnieux, l'auteur anonyme, exaltant les *lumières* de la France, ajoute : « Aucun » raisonnement, aucune espèce de faute, aucun » genre de convenance n'échappera à la pénétration » de ce peuple ; les maux seuls qu'il ne peut sup- » porter sont ceux qu'il ne peut comprendre. » S'il ne peut les *comprendre* où est sa grande *pénétration*, et s'il peut *comprendre* tous ceux qu'il peut *supporter*, comment est-il si disposé à la révolte que vous le prétendez, puisque vous dites : « Le pouvoir de V. M. est même *rendu odieux* « par les maux dont *elle semble être complice.* » Mais si elle n'est pas *complice*, notre *pénétration* ne sera-t-elle pas en défaut, et qu'aurons-nous fait de nos *lumières*? « V. M. n'a-t-elle pas fait dans » l'intérêt des puissances et pour la paix, tout ce » qui dépendait de ses efforts? » Voyons vos preuves ; elles sont curieuses. « Buonaparté non-seule- » ment a été dépossédé » par qui ? « Mais il est » dans les mains des puissances alliées. » Dites de l'Angleterre ; et une grande question est de savoir si elle peut le garder. « Les chambres ont » été dissoutes. » Auriez-vous désiré qu'on les conservât? mais lesquelles?....... et certes ; à l'insolence de vos outrages, à la hardiesse de vos sophismes, la question n'est nullement déplacée. « Il n'y aura bientôt dans les fonctions publiques » que des hommes *amis* de la paix et dévoués. » *Dévoués* ! à qui ? Et c'est à un ministre d'un Roi sage, que vous prêtez ce langage inconvenant, cette exposition mensongère, cette analyse ridicule!..... Vous placez même tout de suite dans sa bouche ces paroles : « On avait craint les buonapartistes, quoi- » qu'aucun d'eux ne puisse plus être dangereux. » Voudriez-vous nous le faire croire? « S. M. a

» cependant accordé à ses sujets *tout* ce qui pou-» vait être réclamé pour exemple. » Laissons à part les singularités de ce style ; mais est-il vrai que le Roi ait *accordé à ses sujets tout ce qui pouvait être réclamé ?*..... Le Roi n'a refusé ni *accordé ;* mais toujours rempli de clémence, au moment même où sa bonté est obligée de céder à sa justice et aux vœux de la France, cet excellent Roi a voulu restreindre le nombre des victimes, et l'on prétend nous faire croire qu'un de ses ministres aura osé lui reprocher d'en avoir trop grossi le nombre ? comme si cette liste était une liste de proscription !.... Ah ! s'il est permis de comparer deux choses si peu comparables, voyez Buonaparté, échappé de son antre, accourant se saisir d'un sceptre qui ne lui appartenait pas, disant comme Tibère : *Qu'importe qu'on me haïsse, pourvu qu'on me craigne.* Voyez-le mettre *hors de la loi* plusieurs grands personnages, ces *émigrés* si long-temps éprouvés, et toujours malheureux et fidèles ; et jusqu'à cette famille royale si vénérée et si chérie !...... Grand Dieu ! quelle marche différente ! le Roi, toujours bon, toujours père, n'a prononcé l'arrêt de mort de personne. Une conspiration inouie a éclaté ; elle n'a pas eu lieu cette conspiration féroce, sans qu'il se trouvât beaucoup de coupables ! L'opinion publique en désignait un grand nombre. Pour fléchir la sévérité de cette opinion, pour calmer l'effervescence des esprits, pour réprimer les injustes désirs d'une folle vengeance, le Roi a publié la liste de ceux, non qui devaient être mis à mort à l'instant, mais seulement jugés. Ils ne sont pas tous condamnés ; il y en aura peut-être d'absous. Et son noble cœur, j'en suis sûr, le désire. Il ne demande pas mieux que de trouver des innocens. Il peut y en avoir dans cette première liste ; je ne prononce, ni ne préjuge ; il serait barbare de le faire. C'est aux chambres qu'appartient le droit d'achever ce grand acte de justice ; je n'essayerai pas de m'arroger l'initiative !..... mais, encore un coup, croit-on que ces indignes reproches puissent être l'ouvrage d'un ministre ? Un ministre droit et ferme aurait dit sans crainte au Roi : *Sire, pour savoir régner, il faut savoir punir ; pardon, ce mot échappe à un bon français, qui adore vos vertus royales, et qui voudrait, pour vous et pour nous, que de salutaires exemples de sévérité prévinssent de nouveaux malheurs. Des hommes sans foi se sont fait connaître dans toutes les places, dans toutes les administrations ; il faut les épurer toutes. Si au premier mars les honnêtes gens avaient été dépositaires de l'autorité, le crime n'aurait pas triomphé.* — Telles sont les vérités qu'il lui aurait fait entendre, et les seules convenables dans la circonstance actuelle : *pardonner entièrement à des rebelles*, lui aurait-il dit, *ce serait les engager à de nouvelles séditions. La France a besoin de repos, et de pouvoir jouir en paix des douceurs de votre règne, règne heureux et paternel, que le ciel ne prolongera jamais au gré de nos désirs, et de nos vœux.* — Au lieu de ces marques de dévouement et de fidélité, vous lui annoncez que sa puissance va nous devenir *odieuse !!!* « Une fusion se forme entre les partis les plus opposés. » Voilà encore un mensonge ; au premier retour du Roi, cette *fusion* se faisait sans résistance et sans regret ; mais aujourd'hui peut-elle se faire encore ? Quelle pourrait être l'excuse de vos nouveaux crimes ? Serait-ce l'égarement d'une erreur qui vous aurait conduit à la révolte ? peut-il exister de raprochement entre de cruels bourreaux et d'innocentes victimes? « La Vendée elle-même » rapproche ses drapeaux de ceux de l'armée... » Vil fabricateur! on voit bien que, dans votre avidité de nuire, vous avez forgé cet écrit à l'aide des impostures des gazettes et des proclamations, j'ai presque dit des libelles de quelques généraux. La bannière des fidèles vendéens, mêlée (dites-vous au 9 août) avec les aigles des soldats de la Loire! leur cocarde blanche, signe de leur loyauté, aurait fraternisé avec leurs enseignes tricolores?..... « Dans » cet excès de maux, quel parti restera-t-il à V. M. » *que celui de s'éloigner.* » Misérable! quelle lâche fureur te transporte? Notre sauvegarde, notre appui *s'éloigner!* ce Roi si brave, ce Roi martyr devrait interrompre le cours de ses généreux sacrifices! cette auguste victime offerte en holocauste, pour l'expiation de nos crimes, devrait nous abandonner à notre légèreté et à nos fureurs?... non, Non, *Louis-le-Désiré*, *Louis-le-Regretté* ne sera point forcé de quitter une nation dont il est le père; non, non, il ne nous abandonnera point à la rage de vos sinistres complots; en vain tes semblables voudraient le menacer, nous lui ferons un rempart de nos corps.

Mais c'est trop s'arrêter à cette foule d'absurdités, d'outrages et de bevues. Je n'en eusse rien dit si je n'avais appris qu'à Bordeaux, à Lyon, à Montpellier, à Toulouse, à Perpignan, et dans beaucoup de grandes villes, on se prêtait, on s'arrachait ce prétendu rapport; le crédit qu'il prenait pourrait en rendre la lecture funeste; car quelque ridicule qu'il soit dans son ensemble, il pourrait trouver encore beaucoup d'imbéciles pour y croire, et beaucoup de méchans pour le propager.

NOTES.

Page 19. « On avait craint les buonapartistes.

Sans doute on les avait *craint*, et on les *craint* encore; non que Buonaparté ait des partisans sincères; mais il y a des créatures, des hommes ambitieux, qui verraient sans peine son triomphe, pourvu que le pouvoir leur revînt. — Dans cet état de choses, n'est-il pas étrange qu'on nous parle sans cesse dans les journaux de ce qui concerne Buonaparté? Que nous font tous ces détails sur *l'île Ste.-Hélène*, et sur la beauté de ses paysages? Est-ce pour entretenir continuellement la curiosité publique, et fixer notre attention sur ce fléau des nations?...... Que nos journalistes français sont perfides ou imprévoyans, et, osons le dire, que la police est complaisante et faible!

Page 21. Des hommes sans foi se sont fait connaître dans toutes les administrations; il faut les épurer toutes.

Je lis dans l'excellent journal intitulé *la Quotidienne:* « Un de nos abonnés craint que si les renseignemens sur la moralité et la conduite des employés sont fournis par les chefs d'administration, l'opération ne se fasse dans un esprit tout contraire aux vues de l'autorité supérieure. *Ces chefs, qui vont juger leurs subalternes, sont ceux qui les ont égarés ou opprimés; qui, il y a quatre mois, les ont forcés, sous peine de la vie, à signer l'acte additionnel; qui faisaient espionner leurs plus secrets discours, et pour ainsi dire leurs pensées; ils désigneront comme des* mauvais sujets (*expression de Buonaparté*), *ceux qui ont été les moins souples et par conséquent ceux qui seraient aujourd'hui les plus disposés à servir de bonne foi le Gouvernement.* » Le journaliste ajoute ces paroles remarquables : « Nous publions d'autant plus volontiers ces réflexions, que l'année dernière, les reformes qui se firent dans les bureaux des ministères, tombèrent généralement sur les employés qui s'étaient prononcés pour la restauration. »

Ce paragraphe est excellent; j'en consignerai aussi, à la fin de ces notes, un autre très-essentiel, extrait du *Journal officiel* d'Aix-la-Chapelle. « La remise de Savary et de Lallemant paraît faire l'objet des discussions avec les anglais, et être entravée par une négociation mal entendue..... Le cœur se soulève d'indignation, lorsqu'on pense que dans le moment même où la justice poursuit ceux que la foi trompeuse de Buonaparté a entraîné dans le crime, Buonaparté se divertit peut-être à bord du *Northumberland*, par une partie de Wisk ou de Trictrac, et qu'au lieu de *considérer sa vie comme une charge*, *il dispute pour jouir des agrémens qu'il peut encore se promettre.* Toutes les idées de la justice distributive se perdent dans la considération de pareils rapports, et l'esprit accablé du spectateur, ne trouve un point de repos que dans l'espérance que Dieu remettra les choses dans leur état d'équité ici bas.... ou dans l'autre monde. »

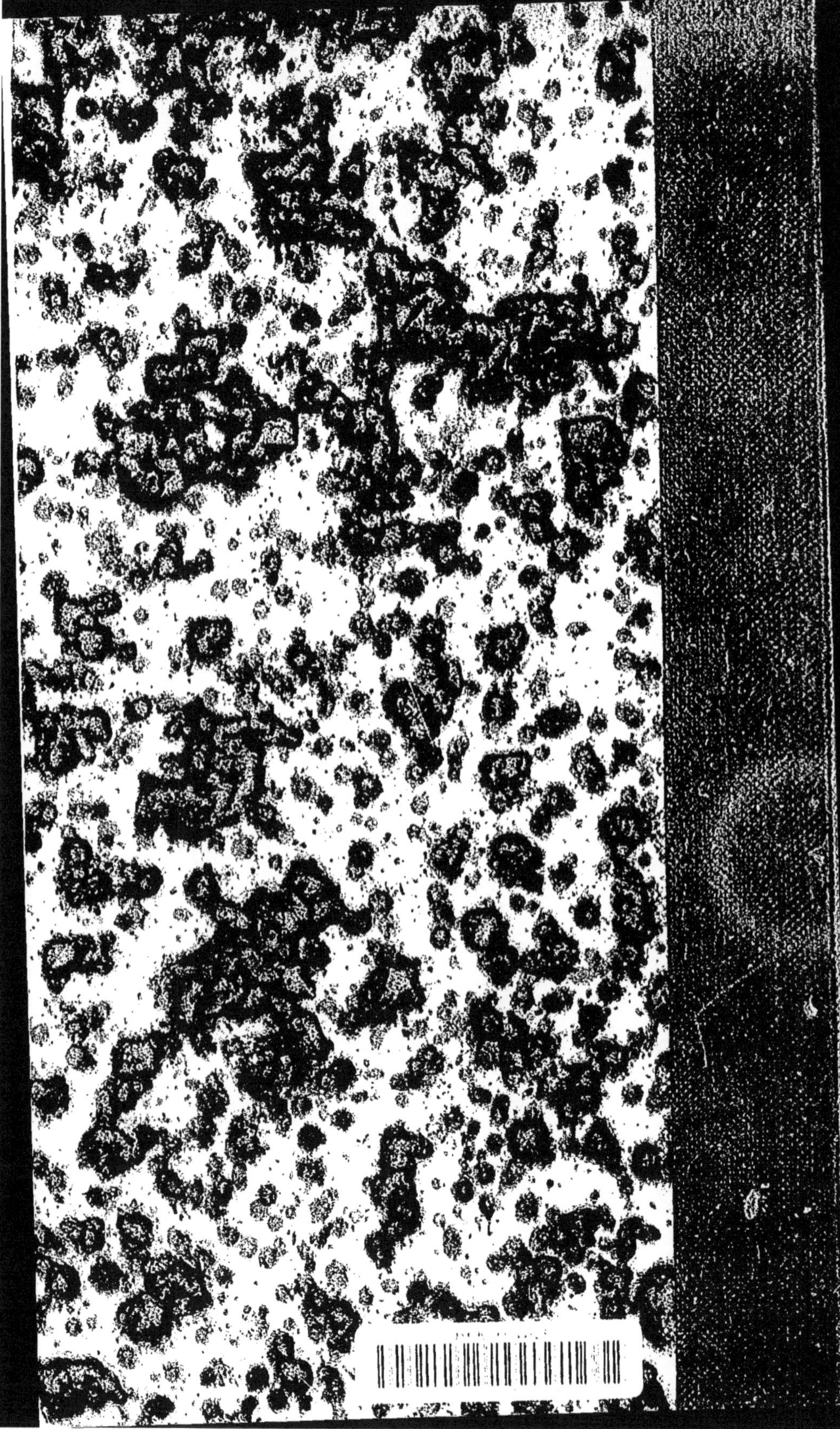

www.ingramcontent.com/pod-product-compliance
Ingram Content Group UK Ltd.
Pitfield, Milton Keynes, MK11 3LW, UK
UKHW020448220726
13923UKWH00005B/2399